El sueño de Amanda

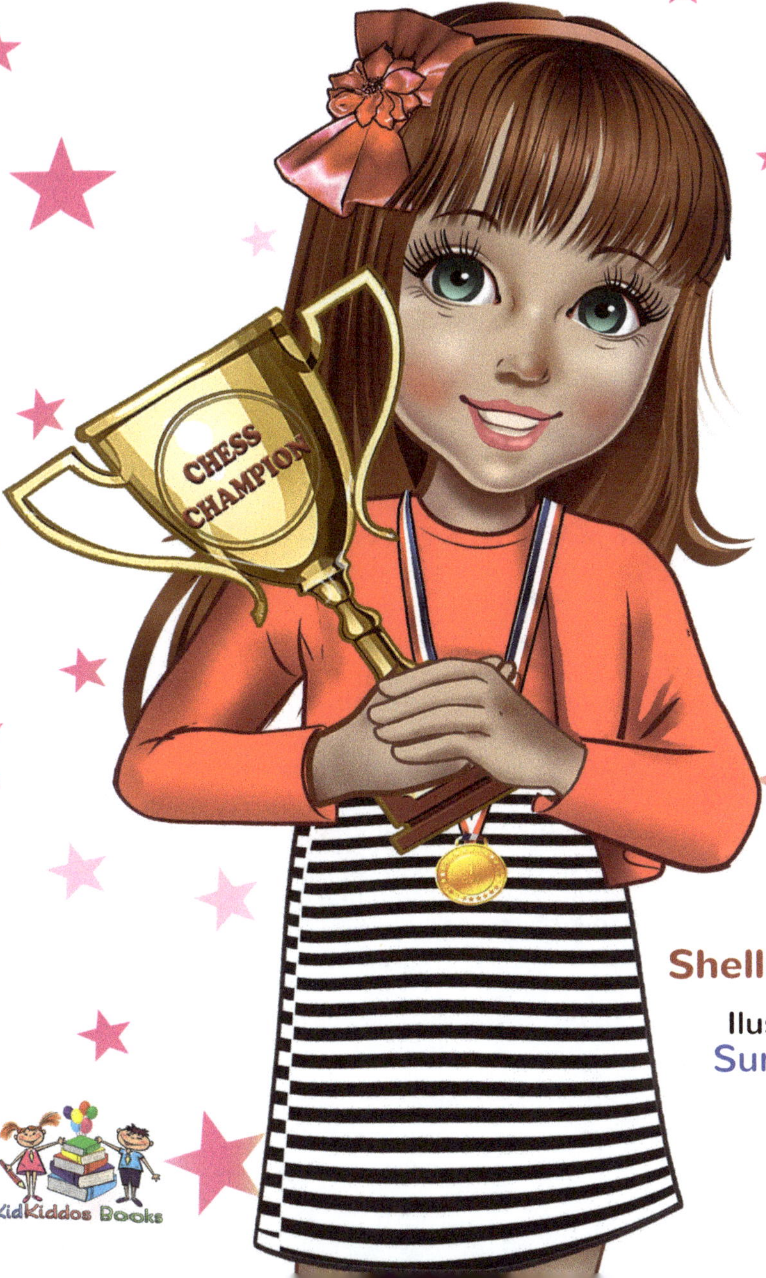

Shelley Admont

Ilustrado por
Sumana Roy

www.kidkiddos.com
Copyright ©2019 by KidKiddos Books Ltd.
support@kidkiddos.com

All rights reserved. No part of this book may be reproduced in any form or by any electronic or mechanical means, including information storage and retrieval systems, without written permission from the publisher, except in the case of a reviewer, who may quote brief passages embodied in critical articles or in a review.
First edition, 2019

Translated from English by Karen Rodríguez
Traducido del inglés por Karen Rodríguez
Spanish editing by Mónica Michel
Revisión del texto en español por Mónica Michel

Library and Archives Canada Cataloguing in Publication
Amanda's Dream (Spanish Edition)/ Shelley Admont
ISBN: 978-1-5259-1974-9 paperback
ISBN: 978-1-5259-1975-6 hardcover
ISBN: 978-1-5259-1973-2 eBook

Había una vez, una pequeña niña llamada Amanda. Amanda no reía, ni sonreía. Ella no era feliz.

Amanda tenía muchos amigos. Tenía una familia cariñosa y vivía en una casa grande con todas las cosas que su corazón deseaba. Sin embargo, aún sentía que le faltaba algo.

Nunca sonreía mientras se lavaba los dientes, mientras se peinaba, ni siquiera cuando jugaba con sus muñecas.

Cada noche, antes de acostarse, ella se sentaba con su padre y jugaba ajedrez, su juego favorito, pero esto no la animaba.

Un día, Amanda estaba sentada en una banca del parque, leyendo su libro favorito.

De repente, de la nada, apareció una mujer. Llevaba un precioso vestido rosa, y tenía mechones de cabello suelto y ondulado y ojos grandes azul brillante.

—Hola, Amanda —dijo la mujer mientras se acercaba a la banca— ¿Por qué estás triste?

—No estoy triste —respondió Amanda—. Sólo que no tengo ganas de sonreír.

—¿Estás segura? Pareces disgustada —respondió la extraña mujer.

Amanda decidió que tenía que hablar con alguien. Ella le contó a la mujer lo infeliz que era.

Mientras Amanda desbordaba sin aliento todas sus emociones, comenzó a llorar.

De pronto, Amanda dejó de llorar, miró a la extraña mujer y le preguntó: —¿Quién eres y cómo sabes mi nombre?

—*Soy un hada de los sueños* —dijo la mujer—. *Estoy aquí para ayudarte.*

Amanda escuchó atentamente. —Sólo necesitas un sueño, una meta —continuó el hada.

—¡Lo sé! Realmente quiero uno, todos mis amigos tienen un sueño —dijo Amanda con emoción—, ¿y sabes qué? Sus sueños se hacen realidad.

—Danny soñó con manejar una bicicleta, y la semana pasada aprendió a manejar sin ayuda.

—Lillian soñó con ser bailarina de ballet, y ahora asiste a clases de danza y baila en diferentes espectáculos.

—Realmente quiero tener algún sueño que también se haga realidad. Simplemente no sé cómo tener uno.

—Un sueño no es algo que se te pueda dar —dijo el hada de los sueños—. Necesitas que esté dentro de tu corazón. Pero, no te preocupes, no es tan difícil como parece. Puedo ayudarte.

Amanda la miró y se secó las lágrimas. Ahora se sentía mucho mejor.

—Todo lo que debes hacer es ir a casa y pensar en lo que quieres —continuó el hada—. Escribe todas tus actividades favoritas y lo que te gusta de ellas.

Después de eso, desapareció como si nunca hubiera estado allí.

—¿Qué es que quiero? Umm... Ya lo sé, quiero muchos dulces —pensó Amanda de camino a casa—. No, ¿por qué necesito muchos dulces? Comeré unos cuantos y luego no querré ni uno más.

—Quiero un montón de muñecas de todo tipo —pensó, pero luego cambió de opinión de nuevo—. No, no necesito muchas muñecas. Ya tengo suficientes.

—Entonces, ¿qué es lo que quiero? —Amanda continuó pensando seriamente en cuál podría ser su sueño—. ¿Quizás un lindo perrito?

—No, sería mejor tener crayones nuevos o aretes bonitos. ¿O tal vez quiero ser una actriz famosa o una princesa?

Pensó en leer sus libros favoritos y en jugar con sus amigos. Pensó en la música, en bailar y pintar.

Pensó, pensó y pensó, pero aún no sabía lo que quería.

Seguía pensando incluso cuando su padre volvió a casa del trabajo. Como todas las noches, Amanda y su padre jugaron ajedrez.

Esa noche disfrutó tanto jugar ajedrez que se olvidó por completo de su conversación con el hada de los sueños.

Esa noche cuando Amanda se fue a dormir, tuvo un sueño.

En su sueño, ella entraba por las puertas de un gran edificio. Deambulaba por un largo pasillo, siguiendo el sonido de voces emocionadas, hasta que entró en un gran salón.

Era una competencia de ajedrez. Miró a su alrededor y escuchó su nombre por los altavoces. ¡Ella era la siguiente en jugar!

En la primera ronda, Amanda jugó contra niños de su edad y ganó todas las partidas. Estaba muy entusiasmada, decidida y era sorprendentemente buena en ajedrez.

En la siguiente ronda, jugó contra niños más grandes y volvió a ganar todas las partidas.

Al finalizar el día, fue nombrada Campeona de Ajedrez.

Amanda se despertó encantada. ¡Su sueño se había sentido tan real! Quería ser campeona de ajedrez. Agarró un bolígrafo, garabateó "campeona de ajedrez" en un pedazo de papel y salió corriendo de su habitación.

Abrazó a su padre y gritó: —¡Voy a ser campeona de ajedrez!

El padre de Amanda sonrió, la abrazó y le dijo: —Creo en ti, querida.

Pasaron unos días y una competencia de ajedrez se iba a llevar a cabo en la escuela. Se sentía una tremenda emoción en el aire.

Amanda estaba nerviosa al principio, pero confiaba en que ganaría. Después de todo, había ganado el campeonato en su sueño.

Desde el momento en que inició la competencia, sin embargo, era obvio que Amanda no era una jugadora tan fuerte como pensaba. Perdió la primera partida.

Se sentía herida y decepcionada de sí misma. No se parecía en nada a la competencia de su sueño.

Triste y desanimada, Amanda llegó a su casa. Se sentó en la cama y se puso a llorar.

—¿Cómo pudo pasar esto? —*pensó*—. Soñé con esto. ¡Debería haber ganado!

—*¿Por qué lloras, querida?* —dijo una voz familiar, el hada de los sueños estaba sentada a su lado.

—*¿De qué sirve tener un sueño si no se hace realidad?* —respondió Amanda.

El hada de los sueños colocó su brazo alrededor de los hombros de Amanda. —Para que tu sueño se haga realidad, tienes que practicar —le explicó amablemente—. Tienes que trabajar duro e intentarlo una y otra vez hasta que lo consigas.

Amanda escuchó atentamente al hada de los sueños y supo que tenía razón.

—¿De verdad quieres ser una campeona de ajedrez? —preguntó el hada.

—Más que nada en el mundo —Amanda sonrió y dejó de llorar.

El hada de los sueños se acercó a Amanda y le susurró: —Entonces ya sabes lo que debes hacer.

Antes de que Amanda pudiera decir otra palabra, el hada desapareció.

Amanda pensó por un momento, saltó de la cama y corrió hacia su padre.

—¡Papá! —gritó—. ¡Quiero ser campeona de ajedrez!

—Lo sé, Amanda, ya me lo has dicho. Pero, ¿cómo lo vas a lograr? —preguntó.

—Quiero inscribirme en un club de ajedrez y voy a ir a practicar todos los días. Ni siquiera quiero ver televisión, ni jugar con mis juguetes, sólo quiero practicar.

—¿Estás segura? —preguntó su padre.

—¡Sí! —Amanda contestó—. Haré lo que sea para ser la campeona de ajedrez.

—Estoy orgulloso de ti, cariño, sé que tendrás éxito.

Su padre la abrazó con fuerza, y la cara de Amanda brilló con orgullo y emoción.

Amanda comenzó a practicar para la siguiente competencia. Pasaba la mayor parte de sus días jugando ajedrez.

Estudiaba en el club de ajedrez, practicaba en la computadora en casa y jugaba ajedrez con su padre por las noches.

No le importaba no jugar con sus muñecas o ver la televisión, estaba concentrada en convertirse en la mejor jugadora de ajedrez que pudiera ser.

Finalmente, llegó el día de la siguiente competencia. Amanda se levantó con entusiasmo para su primer partido y se encontró con el mismo chico con el que había perdido en la competencia anterior.

—¿Estás lista para perder otra vez? —preguntó el chico en tono burlón.

Amanda solo sonrió. En lo más profundo de su corazón, estaba segura de que estaba preparada.

La partida comenzó de inmediato. Amanda ganó fácilmente y estaba entusiasmada por jugar más.

Ganó la segunda partida, la tercera y la cuarta, y siguió adelante. Cada partido era más difícil que el anterior, pero gracias a su trabajo duro y determinación, Amanda ganó todas las veces.

Al finalizar el día, Amanda recibió el título de Campeona de Ajedrez de la Escuela.

Con orgullo enseñó su medalla y trofeo a su familia y amigos. Estaba muy feliz, y ahora sabía que podía lograr lo que quisiera.

Así fue como Amanda descubrió su sueño y lo hizo realidad.

Desde ese día, Amanda no volvió a estar triste. Ahora ya sabe cuál será su próximo sueño y qué tiene que hacer para hacerlo realidad.

Y ¿qué hay de ti?

¿Cuál es tu sueño y qué harás para hacerlo realidad?

www.ingramcontent.com/pod-product-compliance
Lightning Source LLC
LaVergne TN
LVHW072021060526
838200LV00008B/223